KB161739

그림으로 읽는
제2차 세계대전
7

연합군의 진격과
독일의 항복

第二次世界大战史连环画库 20, 21, 22

Copyright ⓒ 中国美术出版总社连环画出版社, 2015；绘画：陈玉先 等
Korean translation copyright ⓒ Korean Studies Information Co., Ltd., 2016
Korean translation rights of 《History of World War II》 (33 Books Set)
arranged with China Fine Arts Publishing Group_Picture-Story Publishing House directly.

그림으로 읽는
제2차 세계대전 ⑦

초판인쇄 2016년 10월 10일
초판발행 2016년 10월 10일

글 천차오淺草, 쉬정푸鎖正甫
그림 황잉하오黃英浩, 량치더梁啓德, 가오텐슝高天雄
옮긴이 한국학술정보 출판번역팀
번역감수 안쉐메이安雪梅

펴낸이 채종준
기 획 박능원
편 집 박미화, 이정수
디자인 이효은
마케팅 황영주

펴낸곳 한국학술정보(주)
주소 경기도 파주시 회동길 230 (문발동)
전화 031 908 3181(대표)
팩스 031 908 3189
홈페이지 http://ebook.kstudy.com
E-mail 출판사업부 publish@kstudy.com
등록 제일산–115호 2000. 6. 19

ISBN 978-89-268-7480-6 94910
　　　　978-89-268-7466-0 (전 12권)

그림으로 읽는
제2차 세계대전
7

연합군의 진격과
독일의 항복

글 · 첸차오(淺草) 외
그림 · 황잉하오(黃英浩) 외

이담
Books

전
역
별
지
도

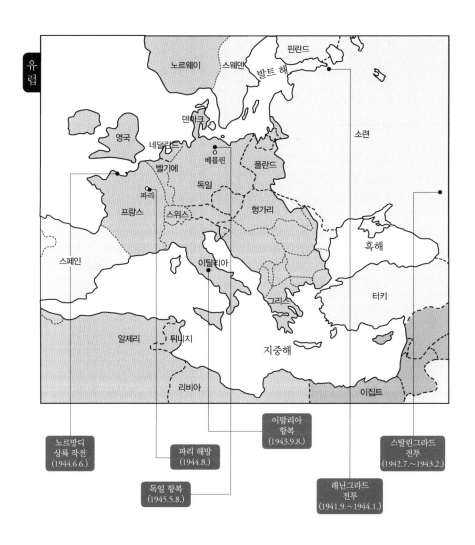

유럽

핀란드

노르웨이　스웨덴　발트 해

소련

덴마크

영국

네덜란드

베를린

벨기에　폴란드

독일

파리　　헝가리

프랑스　스위스

흑해

스페인

이탈리아

터키

그리스

알제리　튀니지　지중해

리비아

이집트

노르망디
상륙 작전
(1944.6.6.)

파리 해방
(1944.8.)

독일 항복
(1945.5.8.)

이탈리아
항복
(1943.9.8.)

레닌그라드
전투
(1941.9.~1944.1.)

스탈린그라드
전투
(1942.7.~1943.2.)

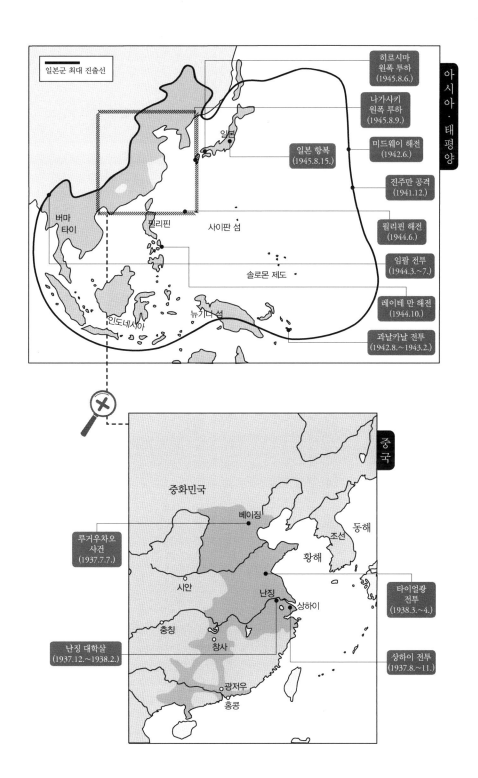

일본군 최대 진출선

아시아·태평양

히로시마
원폭 투하
(1945.8.6.)

나가사키
원폭 투하
(1945.8.9.)

일본 항복
(1945.8.15.)

미드웨이 해전
(1942.6.)

진주만 공격
(1941.12.)

필리핀 해전
(1944.6.)

임팔 전투
(1944.3.~7.)

레이테 만 해전
(1944.10.)

과달카날 전투
(1942.8.~1943.2.)

버마
타이

필리핀

사이판 섬

일본

솔로몬 제도

인도네시아

뉴기니 섬

중국

중화민국

베이징

동해

조선

황해

루거우차오
사건
(1937.7.7.)

시안

난징

상하이

타이얼좡
전투
(1938.3.~4.)

충칭

창사

난징 대학살
(1937.12.~1938.2.)

광저우

홍콩

상하이 전투
(1937.8.~11.)

머
리
말

1945년 9월 일본 군국주의의 '무조건 항복'으로 막을 내린 제2차 세계대전이

종식된 지도 40여 년이 지났다. 세계대전이라는 대참사를 겪은 사람들 대다수는 피비린내 나던 그 세월을 잊을 수 없을 것이다. 제2차 세계대전은 유럽, 아시아, 아프리카, 오세아니아 등을 휩쓸었으며, 당시 전 세계 인구의 4분의 3에 달하는 20억 이상이 전쟁에 휘말렸다. 정확한 통계는 어렵지만, 사망자는 대략 5천만 내지 6천만으로 제1차 세계대전과 비교해서 4배가 넘었으며, 전쟁에서 소모되거나 파괴된 자산은 무려 4천억 달러에 이른다. 주요 전장(戰場) 중 한 곳이었던 중국은 일본 파시즘과의 장기전에서 커다란 희생을 치르고 마침내 승리할 수 있었다. 이 승리는 광명이 암흑을 몰아낸 승리이자 정의가 불의를 이겨낸 승리였는데 평범치 않은 역사에는 뒷사람들이 기리는 빛나는 사적과 더불어 몸서리쳐지는 잔혹한 범죄들도 존재했다. 오늘날 이 모든 것은 한 가닥 연기처럼 사라져 기억 속의 옛 자취가 되었다. 그러나 이러한 역사가 되풀이되지는 않을까? 또다시 똑같은 참사가 발생하지는 않을까? 이와 같은 고민은 전쟁의 상처를 고스란히 떠안은 우리 세대와 평화를 사랑하고 정의를 추구하는 개개인이 진지하게 심사숙고해야 할 문제이다.

중국연환화출판사에서 발간한 『제2차 세계대전사 연환화고(連環畵庫)』는 더 많은 독자가 제2차 세계대전의 전반적인 역사를 이해하기 쉽도록 풍부한 그림과 글로 세계대전의 전체 과정과 그중 중요한 전투를 재현했다. 일찍이 루쉰(魯迅) 선생이 '계몽의 예리한 도구'라 극찬한 연환화(連環畵)*는 중화인민공화국 수립 이후 지난 40년간 신속한 발전을 가져와 대중들에게 중요한 정신문화로 자리 잡았다. 독자층이 넓어지고 제재도 풍부해지면서 형식과 표현에서 진일보한 연환화는 예술적 감상과 오락적 기능을 넘어 지식을 전달하거나 교육 자료로 이용되는 등 여러 방면에서 활용되고 있다. 아무쪼록 본 시리즈가 독자들이 역사적인 사실을 배우고 이해하는 데 도움이 되길 바라며, 전쟁 도발자들의 추악한 면모와 야욕을 알고 평화와 정의를 수호하는 일이 얼마나 위대한 것인가를 깨닫기 바란다.

1989년 12월

장웨이푸(姜維朴)

---

* 연환화(連環畵): 여러 폭의 그림으로 이야기나 사건의 전체 과정을 서술하는 회화를 말하며 연속만화, 극화(劇畵)라고도 한다. 20세기 초 상하이에서 발전하기 시작했으며 문학작품을 각색하거나 현대적인 내용을 제재로 한다. 간단한 텍스트를 엮은 후 그에 걸맞은 그림들을 그리는데, 보통 선묘를 위주로 하며 간혹 채색화도 있다.

차례

연표

1929년
- ⊙ 10.24. 뉴욕 증시 대폭락으로 세계 경제대공황 시작

1931년
- ⊙ 09.18. 만주사변(~1932 02.18.), 일본 승리

1933년
- ⊙ 01.30. 히틀러, 독일 수상에 취임
- 03.04. 루스벨트, 미국 대통령에 취임

1937년
- ⊙ 07.07. 루거우차오 사건(~07.31.), 일본 승리
- 08.13. 상하이 전투(~11.26.)
- 12.13. 일본의 난징 점령과 대학살(~1938.02.)

1938년
- ⊙ 03.12. 독일, 오스트리아 합병
- 03.24. 타이얼장 전투(~04.07.), 중화민국 승리
- 09.30. 뮌헨 협정(영·프·독·이)

1939년
- ⊙ 03.15. 독일 체코슬로바키아 해체, 병합
- 08.23. 독일·소련 불가침조약
- 09.01. 독일의 폴란드 침공으로 제2차 세계대전 발발
- 11.30. 소련 – 핀란드 겨울 전쟁(~1940.03.13.)

1940년
- ⊙ 05.10. 처칠, 영국 총리에 취임
- 05.26. 영·프 연합군의 됭케르크 철수(~06.03.)
- 09.27. 독일·이탈리아·일본 3국 동맹

1941년
- ⊙ 06.22. 독일의 소련 침공으로 독소전쟁 발발
- 09.08. 레닌그라드 전투(~1944.01.27.), 소련 승리
- 12.07. 일본의 진주만 공습(태평양전쟁 발발)

1945년
- ⊙ 02.19. 이오 섬 전투(~03.26.), 미군 승리
- 03.10. 미국의 일본 도쿄 대공습
- 04.01. 오키나와 전투(~6.23.), 미군 승리
- 04.28. 무솔리니 공개 처형
- 04.30. 히틀러 자살
- 05.08. 독일 항복
- 08.06. 히로시마 원자폭탄 투하
- 08.09. 나가사키 원자폭탄 투하
- 08.15. 일본 항복

1944년
- ⊙ 03.08. 임팔 전투(~07.03.), 연합군 승리
- 06.06. 노르망디 상륙 작전
- 06.11. 사이판 전투(~07.09.), 미군 승리
- 06.19. 필리핀 해전(~6.21.), 미군 승리
- 08.26. 파리 해방
- 10.23. 레이테 만 해전(~10.26.), 연합군 승리
- 09.15. 펠렐리우 전투(~11.27.), 미군 승리
- 12.16. 벌지 전투(~1945.01.25.), 연합군 승리

1943년
- ⊙ 09.08. 이탈리아 항복
- 11.22. 카이로 회담(1차 11.22.~26. / 2차 12.02.~07.)

1942년
- ⊙ 01.31. 싱가포르 전투(~02.15.), 일본 승리
- 06.04. 미드웨이 해전(~06.07.), 미군 승리
- 07.17. 스탈린그라드 전투(~1943.02.02.), 소련 승리
- 08.07. 과달카날 전투(~1943.02.09.), 연합군 승리

드와이트 아이젠하워
(Dwight David Eisenhower, 1890.10.14. ~ 1969.3.28.)
미국의 군인이자 정치가로 미국 34대 대통령을 지냈다. 제2차 세계대전 당시 북아프리카 전역에서는 횃불 작전을 지휘했으며, 이후 연합군 최고사령관으로서 노르망디 상륙 작전을 성공시켜, 1945년 5월, 독일의 항복을 받아냈다. 대통령으로 당선된 직후인 1952년 12월, 한국전쟁 중인 우리나라를 방문했으며, 이듬해 7월, 한국전쟁을 휴전으로 종결지었다.

아돌프 히틀러 (Adolf Hitler, 1889.4.20. ~ 1945.4.30.)
독일 노동자당(후일 나치스)에 입당해 군인에서 정치인으로 변모한 후 뛰어난 웅변술과 선동으로 당세를 넓혀, 1934년 국가 원수가 됐다. 1939년 9월 1일, 폴란드를 침공하면서 제2차 세계대전을 일으켰고, 유태인 말살 정책 등 참혹한 전쟁 범죄를 저질렀다. 전쟁 초기에는 유럽 대부분을 점령했으나, 연합군과의 전쟁, 스탈린그라드 전투에서 패한 후 패색이 짙어지자, 1945년 4월 30일, 베를린에서 자살했다.

게오르기 주코프
(Georgii Konstantinovich Zhukov, 1896.12.1. ~ 1974.6.18.)
소련의 군인이자 정치가로 제2차 세계대전에서 맹활약했다. 노몬한 전투에서는 관동군을 물리쳤고, 레닌그라드 전투에서는 독일군의 진격을 막았다. 모스크바 전투에서는 독일군을 후퇴시키는 데 성공했고, 스탈린그라드 전투에서는 독일 제6군을 궤멸시켜 전쟁의 승기를 소련으로 가져왔다. 전후에는 독일 점령 소련군 총사령관을 거쳐 소련 지상군 총사령관이 됐다.

게르트 폰 룬트슈테트
(Karl Rudolf Gerd von Rundstedt, 1875.12.12. ~ 1953.2.24.)
독일의 군인으로 제1차 세계대전 당시 제15군 참모장으로 활약했고, 전쟁이 끝난 후에는 독일군 재건을 위해 힘썼다. 퇴역 후 제2차 세계대전이 발발할 즈음 군에 복귀해 서부전선 총사령관을 지냈으나, 노르망디에 상륙한 연합군을 격퇴하지 못했다는 이유로 해임됐다. 같은 해 9월, 다시 총사령관이 되어 아르덴 반격 작전을 지휘했지만, 실패로 끝났다. 1945년, 연합군의 포로가 됐으나 몇 년 후 건강상의 이유로 석방됐다.

노르망디 상륙은 제2차 세계대전 중에 규모가 가장 큰 상륙전으로 유럽 제2
전장의 시작이 된 전투이다. 1943년 초, 독일군은 동부전선의 스탈린그라드
와 쿠르스크에서 연이어 참패를 당한 후 어쩔 수 없이 전략적 공격에서 전략
적 방어로 바꾸었고, 전세는 연합군 편으로 기울었다. 독일 파시즘의 멸망을
앞당기기 위해 연합군은 하루빨리 서부전선을 개척해 동부·서부·남부 전
역을 함께 일으켜 독일 본토에 대한 협공 태세를 갖추려 했다. 노르망디 일대
는 독일군이 4년간 통치했던 곳으로 '대서양 방벽'이라 큰소리치던 곳이다.
노르망디 상륙을 위해 만반의 준비를 한 연합군은 히틀러와 '사막의 여우'
로멜을 속이고, 1944년 6월, 노르망디 상륙에 성공해 대서양 방벽을 무너뜨
렸다. 노르망디 상륙은 전쟁사에서 빛나는 한 페이지를 장식한 대형 상륙전
의 전형적 사례이다.

글 · 첸차오(淺草)

그림 · 황잉하오(黃英浩)

그림으로 읽는 제2차 세계대전 ❼

연합군의 진격과 독일의 항복

노르망디 상륙 작전

1

1943년 초, 독일군은 스탈린그라드 전투에 참패한 후 독 · 소 전장에서 그동안 전략적 공격으로 밀어붙인 데서 전략적 방어로 바꾸었다. 패배를 만회하기 위해 히틀러는 국내에 총동원령을 내리고 10여 세 소년부터 50여 세 노인에 이르기까지 모두 전선으로 내몰았다.

또한 영 · 미가 미처 제2전장을 개척하지 못한 틈을 타 서부전선에 배치했던 정예부대를 동부전선의 독 · 소 전장으로 이동시켜 주도권을 되찾으려 했다. 그러나 쿠르스크 전투에서 또다시 50여만 병력을 잃은 후 다시 재기하지 못하고 연이어 패배를 거듭했다.

1943년 11월, 스탈린, 루스벨트, 처칠은 테헤란에서 3국 정상회담을 갖고, 연합군이 제2전장을 일으킬 날짜 및 동부·서부·남부에서의 전투 규모와 날짜에 대해 협의했다. 영·미 양국은 1944년 5월 안에 제2전장을 개척할 것임을 분명히 했다.

회담의 취지에 따라, 연합군은 영국 해협을 가로질러 프랑스 북부에 상륙하는 '오버로드 작전'을 실행하기로 결정하고, 앞서 북아프리카, 시칠리아 상륙 작전을 계획하고 직접 참가해 실전 경험이 풍부한 모건 영국군 해군 중령을 이 작전의 주요 기획자로 임명했다.

연합군은 비밀리에 정찰기를 파견해 유럽 각 연해의 지형, 풍향, 조석, 해안의 수심 및 독일군 후방 지역에 대해 철저하게 조사하는 한편 첩보원을 추축군 점령 지역에 파견해 연해의 방어 및 수비군 상황, 독일군 함정 정박 장소 및 그에 따른 활동 규칙을 파악했다.

공군의 엄호와 물자 조달 및 후속부대의 증원이 원활하기 위해서는 상륙 지점이 반드시 영국 공군기지와 가깝고 부근에 항구 설비가 있어야만 했는데, 모건은 이 조건에 적합한 곳으로 프랑스의 칼레 해안과 노르망디 해안을 지목했다.

칼레는 영국과 가장 가깝지만 해안 절벽이 가파르고 해변이 협소하며 독일군이 많은 병력을 배치해 방어하고 있었다. 노르망디는 좀 멀지만 해변이 평탄하고 독일 수비군 병력도 상대적으로 적었으며 부근에 있는 셰르부르는 비교적 큰 항구였다. 연합군 최고사령부는 모든 걸 종합해 심사숙고한 후 노르망디를 최종 상륙 지점으로 정했다.

영국 해협은 변덕스러운 날씨 때문에 갑자기 폭풍우가 몰아치곤 했다. 병사들과 물자를 가득 실은 수송선이 정박하는 데 사용할 방파제를 건설하기 위해 영국 해군 공학 전문가들은 철근콘크리트를 부어 만든 속이 빈 커다란 부력 상자 2백여 개로 이루어진 인공 항구를 설계했다.

박스의 아래쪽에 구멍을 내고 마개로 막아 바다에 띄운 뒤 예인선으로 해변에 끌어다 방파제처럼 세운 다음 마개를 빼 침수시키면 바닥으로 가라앉으면서 해면 위로 드러난 부분이 인공 항구가 되는 구조였다.

상륙정이 주요한 상륙 도구였으므로 영 · 미 양국 조선소는 밤낮없이 공장을 가동해 대량의 상륙정을 생산해 냈다.

독일군의 대서양 방벽 방어선을 돌파하기 위해 연합군은 쇠사슬을 휘둘러 지뢰를 터뜨리는 전차, 폭약통을 발사해 벙커를 파괴하는 전차, 임시로 다리를 만들어 절벽을 건널 수 있는 전차 등 여러 가지 신식 전차를 연구해 제작했다.

영국군 군수 산업 전문가들은 셔먼 전차를 개량해 무게가 33톤에 이르는 이 강철 보루를 자체 엔진으로 바다 위에 떠서 해안까지 몰아갈 수 있게 했다.

오버로드 작전을 순조롭게 진행하기 위해 연합군 최고사령부는 미국의 아이젠하워 장군을 연합군 원정군 총사령관으로, 영국의 몽고메리 장군을 원정군 지상부대 총사령관으로 임명했다.

아이젠하워의 새로운 지도부는 오버로드 작전을 면밀히 검토한 후 노르망디 오른 강 어귀에서 셰르부르 사이 80km 되는 해안가에 상륙하는 한편 공수부대를 독일군 방어선 후방에 강하시켜 협동 작전을 하기로 했다.

독일 고급 장성들은 영·미 연합군의 상륙 지점이 칼레 지역일 것이라고 생각했다. 칼레는 독일의 공업 중심지인 루르와 가장 가깝고, 연합군이 상륙하는 순간 독일에 대한 직접적인 위협이 되기 때문이다. 그러나 히틀러는 연합군이 노르망디에 상륙할 수도 있다고 여겼다.

1943년 1월, 독일 B 집단군 사령관 로멜 원수는 명령을 받고 프랑스 해안을 방어하게 됐다. 북아프리카에서 영·미 연합군과 치열한 전투를 벌였던 '사막의 여우' 로멜은 부임하자마자 연해의 대서양 방벽을 보강했다.

모래사장 앞부분에 지뢰밭과 대전차호를 늘리고 물 밑에는 상륙장애물과 폭발물을 설치했다. 뒤쪽 둑에 사격진지와 포병진지를 증설하고 모래사장 뒷부분에는 날카로운 말뚝을 설치했으며 지뢰도 매설했다. 로멜은 직접 이끄는 3개 정예 기갑사단을 수시로 해안 방어선에 증원할 수 있었다.

노르망디 상륙을 성공시키기 위해 고민을 거듭한 연합군은 적을 속여 불시에 습격하기 위한 대대적인 기만 작전을 펼치기로 했다.

처칠은 기밀부대인 '런던통제기구'를 조직하고 '보디가드 작전'을 수립해 본격적으로 적들을 교란시켰다. 그들은 특공대를 추축군 점령 지역에 파견해 소란을 피우거나 건물을 파괴하고 유언비어를 퍼트리며 파업을 선동해 독일군 병력을 분산시켰다.

서부전선에 있는 독일군 90개 사단을 노르망디에서 멀리 떨어진 곳으로 유인하고, 스칸디나비아 반도에 주둔해 있는 27개 사단이 꼼짝하지 못하도록 영국 첩보기관은 사단과 군단의 명의로 끊임없이 각종 가짜 전보를 띄웠다.

가짜 전보를 접한 독일군 정보기관은 결국 영국 첩보기관의 계략에 걸려들었다. 그들은 에
든버러 부근에 주둔하고 있는 25만에 달하는 영국 제4집단군이 노르웨이를 향해 견제 공
격을 가할 것으로 예상했고, 이 때문에 히틀러는 27개 사단을 남하시키려던 원래 계획을
실시하지 못하게 했다.

실제 상륙 지점이 칼레라고 믿게 하기 위해 영국은 중립국에서 높은 가격으로 칼레 해안
의 상세 지도와 기상 자료를 구매했다.

또한 백만에 달하는 미국 집단군이 영국 동남 연해에서 칼레를 공격하기 위해 대기하고 있다는 소식을 퍼뜨리기도 했다. 정확한 소식임을 확인시켜 주기 위해 패튼 장군을 집단군 사령관으로 임명했는데, 사실상 이 부대는 일부 영국 본토를 수비하는 부대였다.

독일 정찰기는 영국 동남 연해에 새롭게 많은 병원, 병영, 부대 식당, 탄약 창고, 야전 비행 장과 격납고가 들어서고, 1개 기갑여단의 영국군 전차가 대기하고 있는 것을 발견했다. 물론 이 모든 것은 영국군이 적을 속이기 위해 가짜로 위장한 것이었다.

영국 영화제작사의 무대장치팀은 칼레 맞은편 도버 해안 곳곳에 베니어판과 바람을 불어 넣은 고무로 만든 거대한 유조선 부두와 저장용 오일 탱크, 발전소, 고사포 등을 배치해 적들을 속였다.

히틀러는 결국 연합군의 위장 전술에 넘어갔다. 그는 연합군이 92~97개 사단 병력으로 7월에 칼레를 공격할 것으로 판단하고, 독일군 최정예부대인 제15집단군을 칼레로 집결시킨 후 '멍청한 토끼'가 그물에 걸려들기를 기다리라고 명령했다.

로멜과 일부 고급 장성들은 칼레와 노르망디를 모두 지원할 수 있도록 5개 기갑사단을 중간 지역에 주둔시켜 상륙하는 연합군을 해안에서 전멸시키자고 건의했다. 반면 룬트슈테트 독일군 서부전선 최고사령관은 일단 연합군을 모두 상륙하게 한 다음 한꺼번에 소탕하자고 주장했다.

이에 대해 히틀러는 우왕좌왕하다가 최종적으로 기갑부대를 각기 다른 3개 사령부에서 지휘하는 것으로 결정하고, 본인은 약 100km 밖의 베르히테스가덴에 남아 직접 노르망디에서 가장 가까운 4개 기갑사단을 지휘하기로 했다. 그러나 이 결정은 결국 로멜의 두 손을 묶어 놓은 것이나 다름없었다.

독일도 영·미 연합군의 동향을 파악하기 위해 간첩을 영국 제도에 파견해 정보를 수집하려 했으나, 간첩들은 영국 본토에 발을 들여놓자마자 철저히 대비한 영국 첩보기관에 잡혀 포로가 됐다.

영국 첩보기관으로부터 모진 고문을 받고 거액으로 매수당한 독일 간첩들은 이중간첩이 돼 영국인이 꾸며낸 허위 정보를 독일로 보냈다.

잘못된 정보는 어김없이 잘못된 판단을 초래했으며, 독일군 고급 장성들은 연합군이 칼레 지역에 상륙하게 되면 독일이 분명 승리한다고 확신했다.

오직 로멜만이 경계를 늦추지 않고 몇 달 동안 네덜란드에서 비스케 만 사이 해안선을 오가며 수비 상황을 체크하고 수비군에게 경계를 강화하라고 지시했다. 그러나 그 역시 상대편에 아이젠하워 말고도 자신의 옛 적수인 몽고메리가 있다는 것은 모르고 있었다.

연합군 지상부대 총사령관 몽고메리 장군은 1개 영국 집단군 외에 1개 캐나다 집단군과 2개 미국 집단군을 지휘하게 됐다. 언제나 신중한 몽고메리는 몇 개월 전부터 이미 전투 계획과 행정 처리를 모두 마쳤다.

노르망디 상륙을 적이 알아채지 못하도록 연합군은 4월부터 비행기를 계속 출동시켜 칼레 독일군 진지를 융단 폭격했으며, 계획적으로 프랑스 북부의 철도 시설, 독일군 공군기지, 연해 독일군 레이더 설비를 폭격해 제공권을 장악하고 독일군의 수송선을 파괴했다.

연합군은 영국 동남 연해 항구에 수많은 상륙정 모형을 배치하고 물자 및 자재 야적장을 설치한 것처럼 꾸며 칼레 지역에 대한 공격이 멀지 않았다고 적이 느끼도록 했다.

그러나 실제 공격을 준비하고 있는 병력은 특수훈련을 받은 37개 영·미 정예사단이었으며, 그들은 자신들이 운용할 전차, 수륙 양용 수송차량, 지프, 대포 등과 함께 노르망디 맞은편 들판에서 대기하고 있었다.

독일군은 연합군의 공격 일자 및 지점에 대해 아는 것이 하나도 없었다. 히틀러는 끊임없이 장성들에게 노르망디를 잘 살펴볼 것을 주지시켰다. 그는 상당한 규모의 증원부대를 센 강과 루아르 강 사이 지역에 진주시키라고 명령했다.

룬트슈테트와 고급 장성들은 영 · 미 공군의 움직임으로 한층 더 자신들의 판단이 정확함을 확신했으므로 독일군 제15집단군의 19개 사단 병력은 여전히 칼레 지역에 남아 적군을 기다렸다.

1944년 여름, 동부전선의 소련군이 루마니아까지 진군했다. 처칠, 루스벨트는 영·미가 참전하지 않아도 소련군과 유럽 각국 군대의 군사력만으로 독일을 상대로 승리하게 될 것임을 알았다. 따라서 국가적인 이익을 위해 반드시 즉각적으로 행동해야만 했다.

5월 중순, 아이젠하워의 주재로 영국 세인트폴 학교에서 오버로드 작전 실행에 관한 회의를 열었다. 영국 조지 6세 국왕, 처칠 수상, 남아프리카 총리 스마츠 원수 및 각군 참모장들이 회의에 참석했으며, 몽고메리 장군이 작전의 실행 방안을 구체적으로 설명했다.

회의가 끝난 후 몽고메리는 영국 3개 군단 소속 7개 사단과 미국 제1집단군을 시찰하고 전
시동원을 실시했다. 검은 베레모를 쓴 작달막한 장군은 언제나 자신감이 넘쳤다.

5월 29일 오전, 작전사령부에 돌아온 아이젠하워는 마셜 미국 육군 참모총장이 보내온 '6
월 7일, 미국 참모장들이 런던에 도착해 상륙 후의 군사 행동에 대해 긴급 결정을 내릴 것'
이라는 내용의 전보를 받았다. 기상 정보에 따르면 5일 정도 날씨는 변화가 없을 것이므로
아이젠하워는 상륙 일자를 1944년 6월 5일로 정했다.

커다란 전쟁기계들이 움직이기 시작했다. 해협을 건너 맞은편에 가기 위해 부대와 각종 전차들은 상륙함대가 정박해 있는 곳으로 옮겨 갔다.

뉴펀들랜드에서 기상을 관측하던 비행기가 미국 동부 연해의 날씨가 심상치 않다는 긴급 정보를 보내왔다. 6월 1일, 과연 기상 상태가 변해 대서양 상공의 대기는 어지럽게 요동치기 시작했다. 날씨는 상륙 성공 여부를 결정짓는 중요한 요소였다.

6월 2일 아침, 아이젠하워는 영국 황실공군 기상학자 스태그 상교를 불러들였고, 스태그는 적어도 6월 6일 이전에는 구름이 많이 끼고 4~5급 서풍이 있을 것이며, 4~7일 사이 영국 해협은 구름이 많고 폭풍우가 있을 것이라고 보고했다.

6월 4일 이른 새벽, 아이젠하워는 최고사령부에서 전날 저녁에 내린 임시결정을 승인해 상륙 일자를 24시간 늦추었다.

이미 출항했던 주력부대, 중포부대와 방파제를 형성할 낡은 상선들 그리고 17개 함대는 명령을 받은 후 즉시 아일랜드 근해에 정박해 다음 명령을 기다렸다.

무전 연락이 닿지 않은, 미국 제4보병사단을 수송하던 함대의 183척 선박은 이미 6월 4일 오전 9시에 화이트아일랜드 남쪽 해안에서 25km 떨어진 곳까지 항진했다. 해군 사령부가 보낸 월러스 수륙 양용 비행기는 낮게 날아가 사령선에 작전연기 문서함을 투하했다.

6월 4일 새벽, 영국 해협에는 폭풍우가 몰아쳤다. 기상 상태가 갑자기 악화되자 로멜 독일 군 사령관은 연합군이 며칠 동안은 행동하지 않을 것이라 여겼다. 이튿날 아침 로멜은 귀 국해 히틀러를 만나 기갑부대의 배치 문제에 관해 면담하고 부인의 생일파티에 참석하기 로 했다.

이때 영국 황실공군 기상학자 스태그가 중요한 발견을 했다. 그는 한랭 전선이 영국 해협 으로 이동하고 대서양 뉴펀들랜드 연해에 기압골이 강화되는 동시에 하강하고 있었는데, 전체 기후 상황이 혼란스럽지만 한랭 전선이 지나가고 기압골이 오기 전 이틀 정도는 날 씨가 괜찮을 것이라고 판단했다.

그날 저녁, 사령관들이 모여 스태그의 기상 예보, 즉 앞으로 이틀간 상륙에 유리하다는 보고를 들은 후, 아이젠하워는 몽고메리에게 의견을 물었고 몽고메리는 작전을 실행하자고 했다.

아이젠하워는 최종적으로 6월 6일에 오버로드 작전을 실행하기로 하고, 모든 사령부와 워싱턴에 있는 연합참모장위원회에 이를 통지했다.

6월 4일, 프랑스 저항운동 지도자 드골 장군이 처칠 영국 수상의 요청으로 수상의 개인 전용기를 타고 런던에 도착했다.

드골은 비행기에서 내리자마자 연합군 최고사령부로 향했고, 처칠은 그에게 오버로드 작전을 대략적으로 소개하면서 북아프리카 알제 사령부와 연락을 취하지 말라고 했다. 이 말을 들은 드골은 매우 화를 냈다.

아이젠하워도 드골을 만났으나 이 프랑스의 전략적 동맹자를 썩 마음에 들어 하지 않았다.
드골에게 작전사령부를 안내하던 아이젠하워는 작전 지도에서 노르망디를 가리키며 이곳
에서의 상륙은 군사적인 견제 작전이고 실제 상륙 지점은 칼레라고 말했다. 드골은 아무런
내색도 없이 고개를 끄덕이며 미소를 지었다.

일정이 끝나고 아이젠하워는 사전에 준비한 연설문을 건네며 드골이 대프랑스국민 연설
에서 그대로 읽기를 바랐다. 연설문에서 프랑스의 국민이 연합군의 지휘에 복종해야 함을
지나치게 강조한 탓에 드골은 이를 거절했고, 양측이 협의를 거쳐 이틀날 드골이 프랑스가
받아들일 수 있는 연설문을 영국에 건넸다.

연합군 최고사령부는 오버로드 작전을 실행하기 전 몇 시간 동안 갑작스런 2건의 비밀 전
보를 받았다. 그중 하나는 독일 공군 기상 예보로, 해독 결과 독일은 스태그가 예측한 기
상 정보를 발견하지 못해 이러한 날씨에 연합군이 총공격에 나서지 않을 것이라 여기고
있었다.

다른 하나는 영국 간첩의 보고로 샤토부르에 있는 독일군 중형 열차가 전차 수송 준비를
하고 있고, 오를레앙 차량 기지 내 전차 수송트럭에 고사포를 가득 실었으며, 독일 기갑교
도부대가 이동했는데 어디로 갔는지 알 수 없다는 것이었다. 연합군 작전부서는 급히 사실
확인을 명령했다.

사실상 룬트슈테트와 로멜은 연합군의 이상 행동을 그냥 흘려보냈다. 6월 1일, 독일군 정보기관 요원은 평소와 달리 빈번한 적의 무전 통신 상황을 감청하고 룬트슈테트에게 보고했으나, 비슷한 상황을 여러 번 겪었던 독일 원수는 이 역시 영국의 기만술이라고 여겼다.

이때 독일 공군 기상학자는 로멜 원수에게 며칠 동안 최악의 기상 상황이 지속될 것이라고 보고했다. 해군 기상 전문가 또한 영·미가 앞으로 2주일 동안 상륙 작전을 펼칠 가능성은 거의 없다고 했다.

6월 5일 이른 아침, 로멜은 부관, 작전지휘관과 함께 숙소를 떠나 비가 내리는 궂은 날씨를 무릅쓰고 독일 우링겐으로 돌아갔다.

같은 날 밤, 파리 총사령부에 있던 룬트슈테트는 셰르부르에서 르아브르 사이 독일군 레이더 기지가 교란되고, 런던 BBC방송에서 프랑스 저항분자들에게 심상치 않게 많은 양의 비밀 전보를 발송하고 있다는 보고를 받았다.

칼레에 주둔하고 있던 독일군 제15집단군도 런던에서 프랑스 저항분자들에게 보내는 비밀 전보문을 가로챘는데, 아직 해독 전이지만 내용은 분명 프랑스인에게 공격이 곧 시작됨을 알리는 것이라 믿어 의심치 않았다.

룬트슈테트는 잠시 망설이다가 독일 제15집단군과 제7집단군에 1급 전쟁 준비 태세를 취하라고 명령하는 동시에 경보를 울렸다.

같은 시각, 로멜의 참모장 슈파이델은 별장에서 자신의 매형과 로멜의 친구를 위해 연회를
열고 있었는데, 술잔이 오가는 가운데 결국 룬트슈테트가 제15집단군과 제7집단군에 내린
경계 명령을 지체하고 말았다.

깊은 밤, 상륙 작전이 시작됐다. 연합군 함대는 해협을 건너 독일군 제7집단군이 방어하고
있는 캉과 셰르부르 사이 해안으로 향했다. 독일군은 파도가 너무 심해 해협을 순찰하던
비행기, 함선을 모두 철수시키는 바람에 연합군의 움직임을 전혀 발견하지 못했다.

그날 저녁 드골은 프랑스 국민을 향해 방송으로 "드디어 최후의 전투가 시작됐다. 모두 프랑스의 아들딸이라면 그대들의 유일하고 거룩한 의무는 곧 온 힘을 다해 적을 물리치는 것이다"라고 연설했다.

6월 6일 이른 새벽, 영국 공군은 각 공수 지역에 대해 화력 정찰을 실시했는데, 독일군을 유인해 탐조등과 고사포 진지를 드러내게 한 다음 폭탄을 투하해 파괴함으로써 공수부대의 안전을 확보하려 했다. 반면 독일군은 이러한 공습이 일상적이었으므로 크게 경계하지 않았다.

이와 동시에 연합군은 칼레 해협에서도 '군사 행동'을 개시했다. 공습 외에 비밀전보를 수시로 발송해 칼레 공격이 눈앞에 닥쳐왔다고 착각하게 만들었다.

6월 6일 새벽 1~2시, 영국 공수부대 제6사단과 미국 공수부대 제82 · 101 사단이 연이어 노르망디 각 요충지에 착륙했다.

독일 제7집단군 참모장은 급히 로멜 총사령부에 이번 공수 작전은 대규모 작전으로 보인다고 보고했다. 로멜의 참모장 슈파이델은 이를 크게 믿지는 않았지만 파리 총사령부에 보고하기로 결정했다.

룬트슈테트는 슈파이델의 상황 보고를 듣고 연합군이 아군을 유인해 병력을 분산시킨 후 총공세를 펼치려 한다고 여겼는데, 이는 칼레에 주둔하고 있는 제15집단군도 연합군의 대규모 침입을 발견했기 때문이다.

연합군을 저지할 수 있는 기회는 이렇게 흘러가고 말았다. 영 · 미 공수부대는 착륙한 후 순조롭게 해안 통로와 주요 교량을 점령하고, 독일 해안 수비군의 뒤쪽에 견고한 공격 거점을 마련했다.

프랑스 저항운동 조직원들도 드골의 호소에 따라 행동하기 시작했다. 그들은 도로에 장애물을 설치하고 철도를 파괴했으며 독일군 사령부로 통하는 중요한 전화선을 끊어버리는 등 조국 해방을 위해 싸웠다.

동틀 무렵, 고막이 터질 듯한 경보 소리가 아침 하늘을 가르는 가운데 노르망디의 방어진지에 있던 독일군은 희뿌연 안개 사이로 수많은 함정이 유령처럼 바다 저편에 나타난 것을 발견했다.

비행기 1만여 대와 17만 6천 명의 보병을 실은 함정 5천여 척이 노르망디로 몰려오고 있었다. 크게 놀란 독일 수비군은 정신을 차리고 몰려오는 적들을 향해 포탄을 쏘아대기 시작했다.

연합군은 독일군의 빗발 같은 포화를 뚫고 오른 강 어귀에서 코탕탱 반도 동쪽 기슭까지 95km에 달하는 5개 지역의 해안가에 상륙했다. 강력한 공군과 함대의 화력 엄호를 받으며 수많은 상륙정이 얕은 물가까지 나아갔는데 마치 움직이는 기다란 둑 같았다.

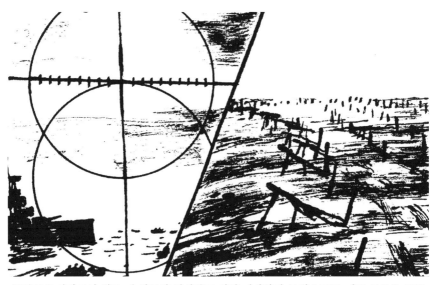

독일군은 연합군이 썰물 때 상륙할 것이라고 전혀 예상하지 못했으므로, 대포 조준은 모두 만조선 기준이었고 700여m 되는 해안가 모래사장에 매설한 물 밑 장애물도 모두 훤히 드러났다.

6시 30분, 연합군 부대가 상륙을 시작했다. 독일 수비군은 십자포화(十字砲火)로 해안을 봉쇄하고 아무런 방패막이 없이 훤히 드러나는 모래사장에서 소리 지르며 전력으로 돌진하는 연합군을 제압했다.

육지에 발을 디딘 영국, 미국, 캐나다, 프랑스 병사들은 국적을 따지지 않고 공동의 적인 파시즘에 대항했다. 한 치의 땅이라도 피와 생명으로 바꿔야 한다는 것을 잘 알고 있는 그들은 모래사장을 넘어서는 것만이 유일한 살길이었으므로 용맹스럽게 앞으로 돌격했다.

독일 공군은 지상 수비군을 지원하려 했으나 메뚜기 떼처럼 달려드는 연합군 비행기에 도망치기 급급하다 보니 제공권을 완전히 상실했다.

연합군의 방대한 함대가 해상 각 항로를 지키고 있어 코탕탱 반도에 접근하는 모든 독일 함정은 격침되는 것 외에 다른 선택권이 없었다.

아침 7시 30분, 로멜 원수는 노르망디로부터 걸려온 참모장 슈파이델의 긴급 전화를 받고 깜짝 놀랐다. 노르망디가 진정 연합군의 상륙 지점이라면, 이는 제3제국의 패망이 눈앞에 닥쳐왔음을 말해 주는 것이었다!

오전 10시, 로멜은 끓어오르는 감정을 주체할 수가 없었다. 그는 B 집단군 총사령부에 전화를 연결해 이 불행한 소식이 무서운 현실임을 확인했다. 30분 뒤 로멜은 부하와 함께 전선으로 되돌아가고 있었다.

로멜은 전선으로 돌아가던 중 연락이 끊겼다. 노르망디의 상황이 갈수록 악화되자 파리에
있던 룬트슈테트와 슈파이델은 다급하게 최고사령부와 연락을 취해 2개 기갑사단 증원을
요청했다.

히틀러의 고문인 요들은 룬트슈테트와 슈파이델의 갑작스런 증원 요청에 아무런 대답도
하지 않았다. 오전에 요들을 접견한 히틀러 역시 연합군의 상륙 지점이 칼레라고 굳게 믿
고 있었으므로 룬트슈테트의 '어리석은 요구'를 들을 필요가 없다고 판단했다.

정오 무렵, 히틀러는 클레슈하임 성에서 헝가리 국빈을 접대했다. 손님에 대한 경의를 표하기 위해 궁에서 전황보고회가 거행되었는데, 모든 것은 사전에 계획된 대로 상대방에게 보여주기 위한 것이었다.

히틀러는 만면에 웃음을 띤 채 참모진에게 "그래, 싸우기 시작했어? 전엔 그놈의 토끼들이 잉글랜드에 숨어들어 무사했지. 이번엔 단단히 혼내줘야 해"라고 말했다. 그는 또 일부러 머지않아 기적 같은 신무기를 전장에 선보일 것이라는 소식도 흘렸다.

오후 3시, 낮잠에서 깨어난 히틀러에게 또다시 긴급 상황이 전해지고 나서야 그는 리어 기갑사단과 친위대 제12기갑사단의 노르망디 증원을 승인했다. 그러나 이미 때는 늦었다.

오후 5시가 돼서야 노르망디에 도착한 로멜은 연합군이 이미 대규모로 상륙했으며, 벌써 2~6km 정도 진격했음을 직접 눈으로 확인했다.

연합군이 해군과 공군 부문에서 절대적으로 우위에 있고 전술상에서도 적의 허를 찔렀으나, 5개 상륙 지점에서의 전진은 매우 더뎠고 또한 각 상륙 지점이 모두 고립됐기에 반드시 재빨리 하나로 이어져서 상호 협동해야 했다.

여러 지역에 있던 연합군 공수부대는 무전 명령을 받은 후 배후에서 독일 수비군에 거센 공격을 퍼부어 정면 상륙부대를 엄호했다.

연합군 공군의 몇 주 동안에 걸친 조직적인 폭격으로 기차 조차장(操車場), 구름다리, 기관차, 역 등이 전부 파손돼 독일군은 증원부대를 집결시킬 수가 없었다.

로멜은 인근 부대와 증원을 위해 파견된 2개 기갑사단을 소집해 요격전을 벌였다. 이로써 연합군의 공격을 잠시 저지할 수 있었지만, 로멜은 해안 지역에서의 진지전이 조만간 전면전으로 확대될 것임을 잘 알고 있었다.

독일군 지휘관은 병사들에게 진지 사수를 명령하는 한편 증원 기갑부대에 희망을 걸고 있었다. 반면 연합군 기갑부대는 비행기, 대포의 화력 지원을 받으며 독일 진지를 향해 연이은 공격을 퍼부었다.

독일 해안 수비군은 강력한 상륙부대와 배후 부대의 앞뒤 협공을 받는 열세에 처해 더는 지탱하기 어려웠다. 그 시각 연합군은 점령한 해안 진지에 교두보 5곳을 각기 세웠지만, 아직 서로 연결되지 않은 상황이므로 치열한 전투가 계속 이어졌다.

6월 7일 아침, 해가 초연이 자욱한 바다 위로 솟아올랐다. 상륙 속도와 진격 속도가 더뎠지만 연합군 상륙부대는 기어코 거점을 마련해 상륙 지점 5곳을 하나로 이어놓으며 적의 종심(縱深)으로 나아가기 시작했다.

로멜은 그 나름대로 연합군의 보급에 차질이 생겨 진격할 수 없기를 바랐다. 그러나 연합군은 이미 해변 바깥쪽에 방파제를 세우고 군수 물자를 끊임없이 하역하고 있었다. 로멜은 독일로 돌아가 히틀러에게 상황을 보고하고 한차례 심한 질책을 들었다. 얼마 후 로멜과 룬트슈테트 서부전선 최고지휘자 모두 해직됐다.

해군과 공군의 엄호 아래 연합군의 전차, 트럭 및 도보로 돌격하는 병사들은 물밀 듯이 진격해 독일군 방어진지에 점점 더 큰 돌파구를 만들면서 계속 앞으로 나아갔다.

프랑스 저항 조직이 전화선을 끊어버려 독일군 사령부와 대부분의 소속부대는 일시적으로 연락이 되지 않아 혼란에 빠졌다. 그 시각 히틀러는 클레슈하임 성에서 "강철과 불로 그들을 모조리 모래사장에서 없애버릴 것"이라고 외쳐대고 있었다.

절체절명의 순간, 히틀러는 모든 희망을 신무기에 걸고 있었다. 그는 마지막 희망인 V-1, V-2 발사대가 설치된 칼레에서 '주요 침입'을 기다리고 있는 제15집단군에 자리를 지킬 것을 명령했다.

연합군의 진격을 막기 위해 독일군은 4개 기갑사단을 소집해 영국군 방어선을 전면 공격했다. 그러나 준비하고 기다리던 영국군과 전투를 치른 끝에 독일군은 막대한 손실만 내고 후퇴했다.

해변에 고립된 1개 미군 부대를 제외하고 연합군 부대는 모두 마을과 들판을 지나 안쪽으로 깊숙이 진격해 들어가 80km 길이의 전선을 형성했다.

노르망디 시민들은 독일 파시즘에 대항하기 위해 연합군을 도와 모든 곳에서 복수의 탄알을 날리며 적들을 거세게 몰아붙였다.

연합군 보급선의 원활하고 편리한 개척을 위해 노르망디 시민들은 자신의 집을 평지로 만
드는 것도 마다하지 않았다. 모든 것은 파시즘을 쳐부수기 위해서였다.

6월 12일, 독일군이 노르망디 지역에서 패배를 거듭하고 있을 무렵 히틀러가 독일을 구제
해줄 마지막 동아줄로 여겼던 신무기 V-1 미사일 제작에 성공해 우선 먼저 영국 런던을
향해 발사했다.

런던은 불바다가 됐고 막대한 인적·물적 피해를 입었다. 그러나 이러한 '기적' 같은 신무기도 영국인들을 굴복시키지 못했으며, 더구나 파국으로 치닫고 있는 독일군을 회생시키기에는 역부족이었다. 히틀러의 꿈은 이렇게 산산조각이 났다.

6월 20일, 동부전선의 소련군은 중앙에서 맹공을 펼치며 독일군 최정예 중부집단군을 며칠 만에 완파했다. 동·서부 전선의 협공으로 제3제국은 앞뒤를 함께 돌볼 수 없는 곤경에 빠졌다.

7월 초, 소련군은 폴란드 동부 국경을 넘어 동프로이센으로 진격했다. 독일군 최고사령부는 급히 모든 예비부대를 소집해 독일 본토를 방어했고, 이로 인해 노르망디 연합군은 상대적으로 독일군의 저항을 덜 받게 됐다.

연합군은 격전을 거쳐 전선을 확대하고 적진 깊숙이 파고들었으며 후속부대가 끊임없이 몰려왔다. 6월 말, 미군은 항구 도시 셰르부르를 점령했다.

연합군이 코탕탱 반도의 독일 잔존 부대를 완전히 소탕한 데 이어 영국군이 캉을 점령했다. 연합군이 계속 진격을 거듭하면서 서부전선의 독일군은 전멸될 위기에 처했다. 이번 노르망디 상륙 작전으로 1만 1천 명에 달하는 미국, 영국, 프랑스, 캐나다 병사들이 희생됐다.

노르망디 전투는 총 49일간 진행됐다. 연합군은 치밀한 계획과 수많은 격전을 벌여 독일의 '대서양 방벽'을 무너뜨렸고, 독일군은 보호막을 잃었다. 이후 독일군은 계속 밀려 후퇴했고, 서유럽 각국은 연이어 해방됐으며, 연합군은 독일 본토로 진격하는 통로를 확보했다.

1944년 7월, 프랑스 노르망디에 상륙해 제2전장을 개척한 연합군은 승세를 몰아 독일 본토로 진격했고, 소련군 역시 동부전선에서 수많은 독일군을 물리치면서 독일 본토를 향해 진군했다. 붕괴 위기에 처한 독일 파시즘은 무너지지 않기 위해 남은 군사 조직을 재정비해 반격에 나섰으나, 서부전선에서의 독일군 최후의 대반격 벌지 전투에서 주요 병력을 잃고 패배하고 만다. 독일군의 반격으로 다소 지연되긴 했지만 연합군은 라인 강을 건너 독일군의 '지크프리트 방어선'을 돌파하고 엘베 강가에 다다랐다. 이와 동시에 동부전선 소련군도 대규모 병력을 투입해 독일의 심장인 베를린을 포위한 후 엘베 강까지 진군했다. 1945년 4월 25일, 미군과 소련군이 엘베 강에서 만나 서부전선과 동부전선은 하나로 이어졌고, 독일은 남북으로 분할됐으며, 베를린은 고립무원, 사면초가의 신세가 됐다. 동·서부 전선 연합군의 엘베 강에서의 합류는 독일 파시즘의 종말이 머지않았다는 것을 의미했다.

글·쒜정푸(鎭正甫)

그림·량치더(梁啓德)

그림으로 읽는 제2차 세계대전 **7**

연합군의 진격과 독일의 항복

엘베 강 합류

2

1944년 7월, 연합군은 서부전선에서 노르망디 상륙에 성공한 후 계속해서 전과를 확대하기 위해 생로, 캉 일대의 독일군에 맹공격을 퍼부었다.

동부전선의 소련군은 독일군에 여섯 번째 공격을 개시해 독일군 23개 사단을 격퇴하고, 13개 사단을 전멸시켰으며, 서우크라이나와 폴란드 동남부를 해방함으로써 폴란드 바르샤바에서 베를린으로 향하는 유리한 지세를 차지했다.

전세가 독일에 극히 불리한 상황에서 독일군 내부의 일부 반대파 장성들이 히틀러를 암살하고 새로운 정부를 조직해 영·미에 조건부 항복을 하기로 비밀리에 모의했다. 독일 국내 주둔군 총사령관 프롬 장군의 참모장 슈타우펜베르크 상교가 히틀러 암살 임무를 맡았다.

7월 20일 정오, 햇볕이 쨍쨍 내리쬐며 후덥지근한 날씨였다. 슈타우펜베르크는 시한폭탄이 든 서류가방을 들고 히틀러가 '최고군사회의'를 여는 회의실로 향했다. 회의실은 동프로이센 라슈텐베르크에 위치한 히틀러의 작전본부에 있었다.

슈타우펜베르크는 서류가방을 히틀러가 앉는 의자와 가까운 책상 밑에 놓아두고 빠져나와 히틀러가 죽으면 쿠데타를 일으킬 준비를 했다.

오후 12시 42분, 폭탄이 터졌으나 히틀러는 가벼운 부상을 입었고 쿠데타는 미수에 그쳤다.

이튿날, 슈타우펜베르크를 비롯한 일부 장성들은 붙잡혀 총살됐고, 히틀러는 전국적으로 반란분자와 혐의인물들을 찾아내 대대적인 숙청을 단행했다. 로멜 원수 등 일부 고급 장성들도 이때 모두 목숨을 잃었다.

그 시각, 서부전선 연합군은 승세를 몰아 파죽지세로 프랑스의 심장부를 향해 진격했다. 8월 15일, 전체 프랑스 전선에서 독일군이 퇴각했다.

8월 19일, 파리에서 시민들에 의한 무장봉기가 일어났다. 24일, 연합군과 프랑스군이 파리 근교에 도착했고, 25일, 파리 시민세력의 협력으로 파리 시내에 입성했다. 그날 오후 르클레르 프랑스군 제2기갑사단 사단장이 독일군의 항복을 접수했다. 곧 드골 장군도 파리에 입성했다.

8월 30일, 프랑스의 수도 파리에서는 저항세력의 지도자 드골 장군을 수반으로 하고 인민공화당, 공산당, 사회당으로 구성된 프랑스 임시정부가 수립돼 국제적 승인을 받았다.

9월, 대규모 연합군이 여러 방향에서 동시에 독일 변경으로 진격했다. 몽고메리 장군이 지휘하는 북부집단군은 연해 일대에서 동북쪽으로 진격해 독일군을 소탕한 후 북쪽에서 루르를 포위하고, 브래들리 장군이 이끄는 중부집단군은 독일 변경 방어선 돌파 후 라인 강을 건너 루르를 포위하기로 했다.

12월, 전쟁의 불길은 독일 본토에까지 미쳤다. 히틀러는 마지막 승부수를 던지기 위해 아르덴 지역에서 대규모 반격전을 전개하기로 했다. 이곳에서 연합군에게 심각한 타격을 입혀 서부전선의 불리한 국면을 돌려세우고 나서 병력을 차출해 동부전선에서 소련군과 싸우려 했다.

12월 16일 새벽녘, 8백여 명으로 구성된 독일 특수파견부대가 '미군'으로 위장해 미군 주둔지에 잠입, 각종 주요 시설을 파괴하기 시작하자 미군 진지는 한동안 혼란에 빠졌다.

곧이어 독일군은 아르덴 방어선을 지키고 있던 미군 진지를 향해 빈틈없는 포화 세례를 퍼부었다. 포격이 끝난 후 독일군은 수백 개 탐조등 불빛 아래에서 공격을 이어갔다.

미군은 많은 사상자를 내고 조직적인 저항을 하지 못한 채 철수했다. 독일군은 순조롭게 미군 방어선에 돌파구를 만들었고, 며칠 뒤에는 정면을 돌파해 너비 100km에, 종심(縱深) 30~50km까지 확대했으며 계속해서 뫼즈 강으로 진격했다.

19일 새벽, 연합군 고급 장성들이 대책을 논의하기 위해 베르됭에 모였다. 아이젠하워는 침착하게 지휘관들에게 "독일군의 생각지 못한 반격은 우리에게 재난이 아니라 뜻밖에 찾아온 기회라고 생각해야 한다. 오늘은 기쁜 마음으로 회의를 열어야 할 것이다"라고 말했다.

옆에 서 있던 패튼 장군이 의견을 냈다. "우리는 그들이 할 수 있는 만큼 심지어 파리까지 진격해 오도록 가만둬야 한다. 그리고 때가 됐을 때 그들의 공격선을 중간중간 끊어 하나씩 철저히 쓸어버리면 된다." 그러나 아이젠하워는 절대로 적군이 뫼즈 강을 넘게 해서는 안 된다고 했다.

회의가 끝난 후 아이젠하워는 영·미 정부에 신속하게 증원부대 파병을 요청하고, 군대의 사기를 진작시키기 위해 강한 어조로 명령을 내렸다. "적이 어느 곳에 있든지 모조리 소탕하라!"

12월 22일, 패튼의 제3집단군이 남쪽에서 공격을 시작하고 나서 바스토뉴 전선에 1개 보병사단과 제4기갑사단을 증원 보내 이곳에서 독일군과 치열한 쟁탈전을 벌였다.

이튿날 연합군은 비행기 약 5천 대를 출동시켜 독일군 공격부대와 수송차량에 맹렬한 폭격을 가해 독일군에 막대한 사상을 입히고 전세를 완화시켰다.

12월 28일, 전세를 돌려세우기 위해 아이젠하워 장군은 직접 브뤼셀 부근으로 가서 영국군 최고사령관 몽고메리 장군을 만나 병력 집중과 공격 계획에 대해 의논했다.

1945년 1월 3일, 연합군은 독일군을 남북에서 협공했는데 10여 일간 전투를 치른 끝에, 1월 28일 독일군을 독일 변경으로 내쫓고 원래의 전선을 회복했다.

1945년 1월 12일, 독일군의 반격으로 인한 서부전선 연합군의 부담을 덜어 주기 위해 소련군 최고지도자 스탈린 원수는 소련군에 폴란드의 비슬라 강에서 강공을 펼쳐 독일군을 타격하라고 명령했다.

소련군이 동부전선에서 공세에 나서자 히틀러는 급히 친위대 제6전차집단군을 서부전선에서 동부전선으로 이동시켰다. 이로써 서부전선 연합군에 대한 독일군의 저항은 크게 감소했고, 연합군은 다시 추축국 독일을 향해 신속하게 진격해 나갔다.

제2차 세계대전 중 서부전선에서 규모가 가장 큰 진지전이었던 아르덴 전역은 연합군이 이름을 붙여 벌지 전투라 불린다. 이 전투로 연합군의 진군이 6주 정도 지연되면서 루스벨트와 처칠이 전후(戰後) 유럽에서 주도권을 잡기 위해 베를린을 선점하려던 계획이 물거품이 됐다.

독일의 패망이 거의 확실시됨에 따라 소련·미국·영국 3국 정상은 1945년 2월 4일부터 11일까지 소련 크림 반도 얄타에서 회담을 열었다. 이는 제2차 세계대전 기간 동안 테헤란 회담 이후 스탈린, 루스벨트, 처칠이 가진 또 한 차례의 중요한 회담이었다.

회담에서 3국 정상은 독일 군국주의 근절, 독일 점령, 소련의 대일 전쟁 및 전후 배치 등 여러 문제에 대해 토론했다. 또한 1944년 8월 21일부터 10월 7일까지 열린 회의에서 중·소·미·영 4국 대표가 틀을 잡은 초안에 따라 '국제연합(UN) 수립'에 관한 몇몇 중요한 문제를 협의했다.

1945년 2월 11일, 소·미·영 3국은 중국이 불참한 가운데 '얄타 협정'을 체결했다. 이 협정에서 소련은 조건부로 유럽전쟁 종결 후 2개월 또는 3개월 내에 대일 선전포고할 것을 약속했다. '얄타 협정'은 강권 정치의 표현이기도 하다.

이 기간 동안 동부전선의 소련군은 주코프 원수의 지휘 아래 오데르 강 지역까지 진격했으며, 독일의 수도 베를린에 커다란 위협이 되고 있었다.

서부전선의 연합군은 1945년 2월 초 아르덴 지역에서 벌어졌던 벌지 전투에 승리한 후 맹렬한 기세로 진격해 지크프리트 방어선까지 다다랐다. 연합군의 계획은 먼저 라인 강 서쪽의 독일군을 소탕해 요충지인 쾰른을 점령하고, 라인 강을 건너 마지막 공세를 펼쳐 엘베 강에서 소련군과 합류하는 것이었다.

라인 강 서쪽에 위치한 쾰른은 독일군의 방어가 밀집된 곳이었다. 아르덴 방어선이 무너진 후 쾰른은 독일 지크프리트선의 중요한 방어점이 됐다.

베를린 독일군 사령부 작전실에서 신경이 극도로 날카로워진 히틀러는 독일군 고급 장성들에게 소리쳤다. "누구라도 지크프리트선과 쾰른을 빼앗긴다면 돌아올 생각 하지 마!"

독일군 서부전선 총사령관 룬트슈테트 장군은 히틀러의 명령대로 라인 강 서쪽에 있는 지크프리트선에 65개 사단 병력을 배치해 배수진으로 미국·영국·프랑스·캐나다 연합군의 공격을 저지하려 했다.

아이젠하워 장군은 앞으로 서부전선에서 벌어질 전투에서 확실히 승리하기 위해, 1945년 2월 7일, 직접 제6·12·21 집단군 사령관 데버스, 브래들리, 몽고메리를 소집해 공격 계획을 의논하고 서로 간에 호응을 이룰 수 있도록 협의했다.

이튿날, 몽고메리가 이끄는 제21집단군은 지크프리트선을 공격하기 시작했고, 이보다 먼저 클래라 장군이 지휘하는 캐나다 제1집단군이 아이펠 북쪽에서 공격을 개시했다. 그러나 지크프리트선 독일군의 격렬한 저항과 홍수 때문에 11일 동안 24km 정도밖에 나아가지 못했다.

지크프리트선을 돌파하기 위해 연합군 제21집단군 소속 미군 제9집단군은 남쪽에서 북쪽으로 진격했다.

며칠 뒤, 홍수로 불어난 물이 빠지면서 캐나다 제1집단군은 아이펠 지역을 넘어 라인 강 중하류 서쪽 기슭에 접근했다.

3월 7일, 미군 제1집단군 일부는 강력한 공세를 펼쳐 라인 강 중류 서쪽에 위치한 쾰른을 점령했다. '천하무적'으로 일컬어지던 독일군 친위대 1개 사단이 연합군의 매서운 포화에 거의 전멸되다시피 했고, 사단장도 그 자리에서 목숨을 잃었다.

같은 날 정오, 남쪽에서 북쪽으로 진격하던 미군 제1집단군 소속 제9기갑사단이 본에서 서쪽으로 30km 떨어진 라인 강가의 레마겐을 점령했다. 제1집단군 사령관은 제9기갑사단 사단장에게 속히 루덴도르프 철교를 점거해 적의 철교 폭파를 막으라고 명령했다.

제9기갑사단의 선견부대가 루덴도르프 철교에 도착해 다리 근처에서 타고 있는 도화선 몇 개를 발견했다. 미군 병사는 재빨리 장갑차에서 뛰어내려 도화선을 끊은 다음 다리를 통과해 다리 동쪽에 교두보를 세우고 커다란 상륙 거점을 구축했다.

연합군 공병부대는 대군이 신속하게 강을 건널 수 있도록 철교 하류에 11시간 만에 철도 부교를 세웠다.

패튼 장군이 지휘하는 제3집단군 전차부대는 맹공을 펼쳐 라인 강 상류의 트리어 지역에 도착했다. 3월 7일 이른 아침, 제3집단군 전차부대는 아이펠 평원에 있는 독일군의 첫 번째 방어선을 격퇴했고, 이튿날 동틀 무렵에는 트리어 부근에서 독일군의 지크프리트선을 완전히 돌파했다.

지크프리트선이 무너지고 있다는 소식을 전해들은 히틀러는 서부전선 총사령관 룬트슈테트 장군에게 욕설을 퍼부었고, 쾰른이 함락됐다는 소식을 전해들은 장군은 의자에 털썩 주저앉았다.

쾰른이 넘어갔다는 것을 알게 된 히틀러는 노발대발하며, 3월 10일 룬트슈테트를 서부전선 총사령관 직에서 해임하고 이탈리아 전장의 케셀링 원수를 독일군 서부전선 총사령관으로 임명했다.

3월 10일 오전, 케셀링 원수는 서부전선 독일군 지휘부에서 새로운 방어 전략을 수립하고 군대를 정비해 완강하게 저항하려 했다.

3월 15일, 데버스 장군이 이끄는 연합군 제6집단군은 지크프리트선 남쪽에서 독일군을 공격했다. 동시에 연합군 브래들리 장군이 지휘하는 제12집단군 일부는 북쪽 모젤 강에서 맹공을 펼쳤다.

연합군 2개 집단군이 남북에서 포위하고 독일의 심장부로 돌격해 오는 것을 저지하느라 독일군은 막대한 피해를 입었다. 연합군은 라인 강에 도착해 오펜하임 상륙 거점을 점령했다. 3월 23일, 독일군 지크프리트선이 붕괴됐다.

연합군은 승세를 이어 7개 집단군(85개 사단)이 연달아 라인 강에서 수많은 나루터를 점거하고 라인 강 동쪽 강변의 독일군과 대치했다.

3월 23일 밤, 연합군 제21집단군 총사령관 몽고메리 장군은 라인 강 도하를 강행하라는 명령을 내렸다. 순식간에 대포 3천 문이 라인 강 동쪽 기슭을 향해 일제히 불을 뿜었다.

곧이어 연합군 비행기 4천 대가 수만 개의 폭탄을 독일군 진지에 빈틈없이 쏟아놓아 라인 강 동쪽 기슭 독일군 진지는 초토화됐다.

연합군의 수륙 전차가 공습 뒤 초연이 자욱한 강을 먼저 도하했고, 그 뒤로 보병 돌격대가
상륙정을 타고 라인 강을 건넜다.

이와 함께 2개 공수부대가 독일군 진지에 강하해 강을 건너는 영국군을 저지하는 독일군
을 뒤쪽에서 공격했다. 독일군은 앞뒤로 협공당하자 혼란에 빠졌고 필사적으로 저항했으
나 용맹한 영국 부대를 막아내기에는 역부족이었다.

3월 24일 밤, 몽고메리의 연합군 부대는 라인 강 동쪽의 교두보 진지와 베저위붕을 점령하고 공수부대와 합류했다.

브래들리가 이끄는 연합군 제12집단군도 레마겐의 루덴도르프 철교 교두보를 공격했고, 동북쪽으로 에돌아 전진해, 4월 1일, 몽고메리의 제21집단군과 립슈타트 지역에서 합류했다.

미군 제1 · 9 집단군은 라인 강을 도하한 후 신속하게 남북 양쪽에서 독일 주요 공업지역인 루르와 그곳에 철수해 있던 모델 원수의 독일 B 집단군을 포위했다.

얄타 회담에서 소련, 미국, 영국 3국은 이미 각자의 독일 점령 구역을 구분 지었다. 베를린은 소련의 점령 구역 내에 속했기에 아이젠하워 연합군 최고사령관은 소련군과 베를린을 다투지 않고 가능한 많은 미군을 동원해 독일 지역을 점령하려 했다.

아이젠하워는 연합군이 남쪽에서 베를린을 측면 공격하고 마그데부르크와 드레스덴 사이 엘베 강에서 소련군과 합류할 것이라는 작전 계획을 소련군 최고사령부에 전했다.

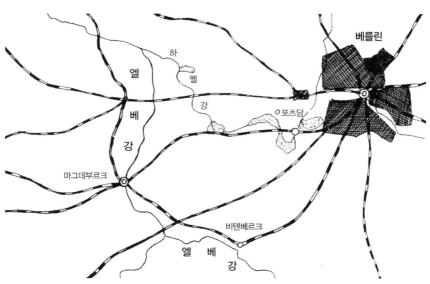

엘베 강은 폴란드와 체코 국경에 있는 수데티 산에서 발원해 체코와 독일을 거쳐 북해로 흘러드는데, 총 길이가 1천1백여km로 그중 일부 강줄기가 베를린에서 약 90여km 떨어져 있어 '독일의 심장'이라 불리기도 했다.

4월 2일, 아이젠하워는 연합군에 동쪽으로 진격하라고 명령했다. 일부 병력으로 루르 공업 지역에 포위된 독일군 18개 사단을 소탕하고, 나머지 모든 부대는 즉시 모든 전선에서 마지막 공격 개시를 선포했다.

이 시각 서부전선 독일군은 아직 3개 집단군의 편제가 있어 60개 사단 병력이 남아 있었지만, 사실상 실제 병력은 반도 되지 않았다. 독일군은 이미 허울뿐이었고 군대의 사기는 바닥을 치고 있었다.

모델 원수가 이끄는 독일 B 집단군은 연이어 두 차례나 포위망을 뚫으려 시도했으나 모두 실패했다. 모델은 험준한 지형을 방패로 삼아 연합군을 견제하기 위해 완강하게 저항했다.

4월 10일, 연합군과 소련군이 동서 양쪽에서 옥죄어 오는 절박한 상황에서 히틀러는 아직 점령당하지 않은 지역을 남북 행정작전구역으로 나누고, 각각 케셀링과 되니츠를 책임자로 임명해 계속 저항하기로 했다.

4월 11일, 미군 제9집단군 선두 기갑부대가 엘베 강변에 다다랐고, 12일 아침 우선 마그데부르크 부근에 교두보를 세웠다. 이 시각 미군은 베를린에서 약 1백km밖에 떨어지지 않았다.

4월 12일, 연합군의 전투가 순조롭게 진행되고 있던 그때 루스벨트 미국 대통령이 뇌출혈로 갑자기 사망해 트루먼 부대통령이 그 자리를 이었다.

역사의 수레바퀴는 히틀러가 바라던 유럽 정복의 꿈도 산산조각 냈다. 며칠 뒤 독일 B 집단군은 미군의 맹공격에 절반으로 나뉘어 동쪽 독일군은 와해되고 서쪽 독일군은 항복을 선포했다. 모델 원수는 절망 속에서 자결했다.

미군 제1·9 집단군은 루르 전장을 정리할 틈도 없이 잔존 추축군을 소탕하는 임무를 새로 편성된 미 제15집단군에 맡기고, 밤낮을 가리지 않고 매일 50~80km 속도로 엘베 강을 향해 진격했다.

패튼 장군은 직접 전선을 시찰하고 수시로 독일군의 반격을 분쇄할 수 있도록 엘베 강 서쪽 강변에 교두보 구축을 서두르라고 명령했다.

베를린 총통 관저 지하실에서 미군이 엘베 강에 도착했다는 소식을 듣고 대노한 히틀러는 독일군에 어떤 대가를 치러서라도 미군이 엘베 강에 구축한 교두보를 파괴하라고 명령했다.

독일군은 비행기 수백 대를 출동시켜 엘베 강 서쪽 강변을 무차별 폭격했다. 미군은 할 수 없이 교두보를 포기했으나 이 또한 독일군의 실패를 만회하기는 역부족이었다.

서부전선에서 연합군이 히틀러의 방어선을 하나하나 돌파하고 있을 무렵, 동부전선의 소련 붉은 군대도 주코프 원수의 지휘 아래 독일 파시즘의 소굴인 베를린으로 전면 진격하기 시작했다.

1945년 4월 16일 동 트기 전, 소련 제1벨라루스방면군은 보병과 전차로 정면에서 독일군 진지를 향해 맹공격을 퍼부었다. 이어 소련 붉은 군대는 탐조등 150개로 적군 진지를 대낮처럼 밝게 비추었다.

이와 함께 소련 공군의 원정폭격기 8백 대가 편대를 이루어 독일군 진지를 무차별 폭격했다. 독일군 진지는 순식간에 폐허로 변했다.

4월 17일, 소련군은 제로프 지역 부근의 각 주요 지점에서 독일군 방어선을 돌파하고, 베를린으로 통하는 주요 진지인 제로프 고지를 점령했다.

4월 18일, 소련 제1우크라이나방면군은 좌측에서 독일군 주요 방어진지를 돌파한 후 포화의 엄호를 받으며 나이세 강을 건넜다. 곧이어 소련 전차부대가 전체 나이세 강 방어선을 돌파하고, 독일군 제4기갑군의 주력을 격퇴시켰으며, 남쪽에서 베를린을 향해 바싹 다가섰다.

같은 날, 동쪽으로 진격하던 미군 제12집단군 소속부대가 마그데부르크를 점령하고, 19일에는 할레와 라이프치히를 연이어 점령했다.

4월 20일, 히틀러는 베를린 지하실에서 자신의 마지막 생일축하연을 가졌다. 연회가 끝난 후 관례대로 군사회의를 열어 정식으로 남북 사령부를 수립한다는 명령을 하달하고 되니츠 해군 원수를 북방사령관으로, 케셀링 원수를 남방사령관으로 임명했다.

그날 저녁 힘러, 괴링 등은 각자 재물을 챙겨 황급히 베를린에서 도망쳤다. 히틀러는 "운명에 따를 것이고 내 나라 수도에서 죽을 것"이라며 베를린과 함께하기로 결심했다.

4월 20일, 소련 제1벨라루스방면군은 계속 종심으로 진격해 들어가 치열한 격전을 치른 끝에 베를린 동쪽 근교의 독일군 외곽 방어기지를 돌파했다.

이와 동시에 소련 제1우크라이나방면군은 독일군 방어선을 돌파하고 남쪽에서 베를린으로 다가가고 있었다. 곧이어 소련 제4근위전차집단군이 포츠담 남쪽 교외에 도착해 폴란드 제2집단군과 함께 독일군의 역습을 물리쳤다.

4월 24일, 소련군 제1벨라루스방면군과 제1우크라이나방면군 주력의 일부가 베를린 동남쪽에서 합류해 독일 구벤집단군과 베를린집단군의 연계를 차단했다.

소련군 제1우크라이나방면군 제4근위전차집단군과 제1벨라루스방면군 제47집단군, 제2 근위집단군도 포츠담 서쪽에서 합류해 독일 베를린집단군을 포위했다.

4월 25일, 미군 제1집단군 제69사단의 정찰부대가 엘베 강 서쪽 기슭에 도착했다. 저녁 무렵, 이 정찰부대는 미국 국기를 만들어 들고 토르가우 부근의 다리를 향해 걷기 시작했다.

미군 정찰대장이 포화로 부서진 다리를 따라 건너편으로 몸을 낮춰 걸어가고 있을 때 소련 제1우크라이나방면군의 병사 1명이 다리 건너편에서 같은 자세로 걸어오고 있었다. 둘은 각자의 복장 마크에서 상대방을 확인하고 서로에게 다가가 얼싸 끌어안았다.

이렇게 동부전선과 서부전선이 하나로 이어지면서 독일은 남북으로 나뉘었고, 베를린은 완전히 고립돼 사면초가의 신세가 됐다. 4월 25일, 동·서부 전선 연합군의 엘베 강 합류는 며칠 뒤에 있을 독일 파시즘의 본거지 베를린의 함락을 예고했다.

1944년, 나치 독일은 연합군의 연이은 공격으로 그해 연말에는 동서 양쪽에서 협공당하는 위태로운 상황에 처했다. 히틀러는 최후의 발악으로 서쪽의 잔존 부대를 동부전선으로 이동시켜 소련군의 공격을 전력으로 저지했다. 오데르 강에서 베를린까지 총 8겹의 방어선을 설치하고 백만이나 되는 병력으로 방어했지만 결국은 소련군에게 모두 격파됐다. 나아가 소련군이 영·미 연합군과 엘베 강에서 합류해 동·서부 전선이 하나로 연결됨으로써 베를린은 '독 안에 든 쥐' 신세가 됐다. 치열한 결사전을 거쳐 베를린은 끝내 함락되고, 히틀러는 총통 관저 지하실에서 자살했으며, 나치 독일은 무조건 항복을 선포해 유럽에서의 반파시즘 전쟁은 대승을 거두며 종결됐다.

글·첸차오(淺草)
그림·가오톈슝(高天雄)

그림으로 읽는 제2차 세계대전 **7**

연합군의 진격과 독일의 항복

베를린 함락

3

동부전선에서 1944년 6월 10일부터 시작된 소련군의 하계 공세는 거칠 것이 없었다. 8월 중순, 소련군은 동프로이센 변경까지 진격했다. 발트 해 지역의 소련군은 독일군 50개 사단을 포위하고 폴란드 비보르까지 파고 들어가 독일군 정예부대인 중부집단군을 전멸시켰다.

비스와 강·바르샤바

소련군은 승세를 이어 6주 만에 400여km를 진군해 비스와 강에 도착했고, 폴란드의 수도 바르샤바와는 강 하나를 사이에 두게 됐다. 남부전선의 소련군은 8월 말 루마니아와 독일군의 주요 휘발유 공급지인 플로이에슈티 유전에서 독일군을 몰아냈다.

파리

서부전선에서 연합군은 프랑스 서북부 노르망디에 총 39개 사단이 상륙했고, 기타 부대는 프랑스 남부에 상륙했다. 8월 23일, 연합군은 센 강에 다다랐고, 이틀 후 프랑스 야크 르클레르 장군이 이끄는 제2기갑사단은 미군 제4보병사단과 협동해 파리를 탈환했다. 독일군 폰 콜티츠 장군은 항복했다.

8월 26일, 나치 독일의 위성국 불가리아가 정식으로 추축국에서 탈퇴했다. 9월, 핀란드 역시 추축국에서 탈퇴했으며 자국 영토에서 철수하지 않는 독일군을 공격했다. 이로써 나치 독일은 완전히 고립됐다.

9월 9일, 자유프랑스 지도자 드골은 파리에서 프랑스 임시정부를 수립했다. 프랑스 총사령부는 연합군의 협조로 군대를 재편성하고 작전을 배치했으며, 동시에 군대를 파견해 영·미 연합군과 함께 독일 본토로 진군했다.

9월 중순, 미군은 아헨과 모젤 강 사이의 독일 변경까지 진격했다. 연합군은 베를린으로 향하는 통로를 열기 위해 아른험 강과 잘츠부르크 지역에서 독일군의 지크프리트선을 돌파하려 했으나 독일군의 완강한 저항으로 막대한 피해만 입은 채 실패했다.

12월, 독일은 불리한 전세를 만회하기 위해 갑자기 미군이 주둔하고 있는 바스토뉴 도로 교차점을 맹렬히 공격해 이 전략적 요충지를 탈취하려 했다. 미군은 위기일발의 상황에 처했다.

서부전선에서 연합군의 공격이 독일군의 저항으로 좌절되자 형세는 더욱 긴박해졌다. 1945년 1월 6일, 처칠 영국 수상은 스탈린에게 긴급 전보를 보내 소련군이 작전 계획을 앞당겨 영·미 연합군의 위태로운 상황을 어느 정도 해소시켜 줄 것을 요청했다.

소련 최고사령부는 원래 계획보다 앞당겨 1945년 1월 12일에 120개 사단 병력으로 북쪽 발트 해에서 남쪽 카르파티아에 이르는 1천2백km 전선에서 독일군을 향해 총공세를 퍼부었다. 소련군 코네프 원수가 지휘하는 제1우크라이나방면군은 바르샤바 남쪽에서 실로스키에로의 진격을 강행했다.

히틀러는 부득이하게 서부전선의 2개 전차군단을 동부전선으로 이동시켜 서쪽으로 진격하는 소련군을 막으려 했으나 소련 기갑사단의 매서운 공세에 격파되고 말았다. 소련군은 독일의 주요 석탄기지인 실로스키에를 점령해 독일의 철도, 공장, 발전설비 등에 치명적인 타격을 입혔다.

소련군 주코프 원수가 이끄는 제1벨라루스방면군은 2주일 만에 250km를 진격해, 1월 26일 폴란드의 단치히에 이르러 동프로이센을 지키고 있던 독일 40개 정예사단을 포위했다. 31일, 주코프는 보병연대, 전차여단, 중전차연대, 대전차포병여단, 박격포여단으로 구성된 선견부대를 조직해 오데르 강을 건넜다.

독일군은 오데르 강에서 베를린 시까지 종심(縱深) 100km 사이에 8겹의 방어선을 구축하고, 백만 병력과 각종 대포 1천4백여 문, 전차 1천5백여 대, 비행기 3천3백여 대를 배치해 소련군의 진격을 저지했다.

그러나 독일 수비군의 예상과 달리 소련군 선견부대는 베를린에서 70km 떨어진 곳에 갑자기 나타나 키니츠 시를 점령했다. 소련군 선견부대는 즉시 견고한 방어진지, 참호를 구축하고 진지를 위장해 독일군의 반격에 대비했다.

2월 2일 아침, 독일군은 중포, 비행기, 전차의 엄호 아래 초승달 모양 대형으로 소련군 선견부대를 공격했다. 며칠간 여러 진지에서 쟁탈전, 접전이 벌어졌으며 소련군의 포화로 독일군은 막대한 손실을 입었다. 이와 함께 소련군의 교두보는 44km로 확대돼 베를린을 공격할 수 있는 발판이 마련됐다.

얄타 회담

1945년 2월 4~11일, 영국·미국·소련 3국 정상은 소련 크림 반도의 얄타에서 회담을 개최해 독일·폴란드 문제, 국제연합(UN) 구성 문제 등을 논의하는 동시에 유럽전쟁이 끝나고 2~3개월 내에 소련이 대일 선전포고를 하기로 협정을 맺었다. 또한 최종 승리 이후 독일·일본에 대한 전략적 계획에 대해서도 서로 조율했다.

1945년 2월, 얼었던 대지가 녹으면서 온통 진흙탕으로 변해 버려 오데르 강 지역에서 소련 군대의 이동이 제약을 받게 됐다. 연합군은 베를린과 루르 공업기지에 무차별 폭격을 가해 독일의 철도, 항운, 공장 등을 마비 상태에 빠뜨렸다. 독일의 비행기와 전차 역시 연합군의 폭격 목표가 됐다.

3월. 쌀쌀했던 날씨가 풀리고 지면 상태는 여전히 좋지 않았지만 오데르 강 일대의 소련군은 전투력이 뛰어난 3개 방면군을 집결시켰고, 북쪽에서 로코솝스키 원수가 지휘하는 제2벨라루스방면군은 독일군에 점령됐던 폴란드 슈체친 항을 포위했다.

남쪽에서 코네프 원수가 이끄는 제1우크라이나방면군은 오데르 강과 나이세 강이 한데 모이는 지점에서 베를린으로의 진격을 가속화했다. 중부에서는 주코프 원수의 제1벨라루스방면군이 프랑크푸르트 부근에서 침착하게 진격하면서 모든 전선이 일제히 함께 나아가는 전략을 취했다.

서부전선의 연합군은 소련군이 모든 전선에서 공격에 나선 덕에 위기를 해소했다. 아이젠하워 장군은 3개 집단군을 지휘해 네덜란드에서 알자스, 스위스 변경, 그리고 동시에 라인강 일대까지 신속하게 진격해 나갔다.

쾰 른

3월 6일, 미군이 쾰른을 전면 공격했다. 독일군은 참호 안에서 십자포화로 미군을 저지하고자 했으나 몇 차례 쟁탈전을 거쳐 미군이 끝내 쾰른을 점령했다.

이튿날, 미군 제9기갑사단이 레마겐 부근의 고지에 도착했다. 전차병들은 다행스럽게도 라인 강 위 루덴도르프 철교가 아직 파괴되지 않았음을 발견했다. 미군 육군 1개 소대는 철교로 서둘러 이동해 아군 전차의 지원을 받아 그곳에 있던 독일군을 소탕하고 다리 건너편에 견고한 교두보를 구축했다.

3월 22일, 미군 패튼 장군이 지휘하는 제3집단군이 어두운 밤을 틈타 팔츠에서 250m 너비의 라인 강을 건너 너비 7km, 길이 약 6km의 교두보를 구축했다. 이와 함께 패튼 장군의 기갑부대도 동쪽의 프랑크푸르트로 진격했다.

3월 24일, 영국군 몽고메리 장군의 제21집단군은 막강한 공군의 지원을 받아 베저위붕에서 라인 강 도하를 강행한 후, 두 갈래로 나누어 독일 북부 평원과 루르 지역으로 진격했다. 그의 지휘를 받는 캐나다 제1집단군 역시 라인 강 동쪽 강변까지 진격해 왔다.

프랑스군 총사령관 타시니 장군이 지휘하는 프랑스군과 영·미 연합군은 독일 서부지역에서 공격을 펼쳐 독일군은 서부전선에서 병력의 3분의 1을 잃고 대량의 무기와 탄약을 소모했다.

히틀러를 향해 지옥의 문이 열렸다. 베를린 시내는 이미 심각하게 파괴됐고, 히틀러는 이제 감옥과도 같은 지하 깊은 곳의 벙커에서 생활해야만 했다. 슈페어 군수장관이 히틀러에게 4주에서 8주 내에 독일은 붕괴될 것이라고 보고했다.

관례대로 진행된 군사회의에서 참모장은 독일에는 폐허가 된 베를린만 남았다고 발표했다. 대노한 히틀러는 일체의 군사ㆍ교통운수ㆍ산업ㆍ통신ㆍ공급 시설 및 독일의 자원 전부를 파괴하라는 야만적인 명령을 내려 독일을 초토화시키고 독일 국민을 제3제국과 함께 순장하려 했다.

3월, 소련 제1·2 벨라루스방면군은 그단스크 포메라니아 지역의 독일 집단군을 소탕하고, 제1우크라이나방면군과 함께 비스와 강 - 오데르 강 전역에서 독일군 66개 사단을 전멸시켜 폴란드의 대부분 영토를 수복했다.

소련 군대의 좌익에 있는 제2·3 우크라이나방면군은 비엔나 전역에서 독일 남부집단군 30여 개 사단을 소탕했다.

3월 29일, 주코프 원수는 모스크바로 날아가 크렘린 궁의 최고지도자에게 전세를 보고하고 이후 전략 배치에 대해 상의했다. 스탈린은 한참 생각한 후 "독일 서부전선은 철저히 붕괴됐소. 히틀러는 연합군을 막지 않고 우리 작전의 중요한 구역마다 병력을 배치하고 있으니 보다 치열한 전투가 있을 것이오"라고 말했다.

전투 상황도를 보면, 독일군은 서부전선과 이탈리아에서 20여 개 사단을 이동시켜 베를린에 새로운 방어선을 구축해 소련군의 공격에 대비하고 있었다. 주코프는 스탈린에게 우리군은 2주 안에 베를린 공격이 가능하지만, 제2벨라루스방면군은 4월 중순이 돼야 단치히와 그디니아의 독일군을 제거할 수 있다고 했다.

스탈린은 주코프에게 서류 하나를 건넸는데 독일이 연합군과 단독으로 강화하려는 움직임을 폭로한 서류였다. 스탈린은 "루스벨트는 '얄타 협정'을 파기하지 않을 것이나, 처칠은 일을 저지를 수 있는 사람이오"라고 말했다. 주코프는 즉시 전선으로 되돌아가 고위급 지휘관들과 총공격 등 문제를 논의했다.

4월 1일, 소련군 최고사령부에서 총참모장 안토노바 장군의 베를린 전역 총공세 계획을 보고받은 후 스탈린은 로코솝스키 원수의 제2벨라루스방면군을 기다리지 않고, 4월 16일에 베를린을 공격하기로 했다.

4월 5일부터 14일까지 소련군 각 병과와 후방부대는 만반의 준비를 하는 한편 각급 지휘관 전역준비회의를 열고, 적군을 제압하는 분위기 조성을 위해 탐조등을 사용한 야간 공격을 펼치기로 했다.

대낮에는 고요하고 왕래하는 사람도 없는 오데르 강 상륙 장소에서 밤만 되면 수천수만의 병사들이 곡괭이, 삽을 들고 땅을 팠다. 소련군 포병, 기갑부대, 탄약을 실은 열차는 폴란드를 가로질러 오데르 강 동쪽을 향해 달렸으며, 목적지에 도착하면 위장을 걸고 은폐진지에 들어섰다.

서부전선에서 미군은 독일군 모델 원수가 지휘하는 B 집단군을 루르 지역의 폐허 속에 포위했다. 4월 11일 밤, 미군 제9집단군 선두부대가 마그데부르크 부근의 엘베 강에 도착해 교두보를 구축했다. 그 시각 동부전선의 소련군은 베를린에서 60km 떨어진 곳에 있었다.

4월 18일, 미군에 포위된 루르 지역의 독일군 32만 5천 명은 전부 포로가 됐는데, 그중에는 장교 30명이 포함됐으며, 사령관 모델은 비관한 나머지 자결했다. 이로써 독일 B 집단군은 완전히 소탕됐다.

소련군은 총공격을 개시하기 이틀 전 선견부대를 파견해 모든 전선에서 화력 정찰을 실시했으며 적의 병력을 최전방으로 유인했다. 소련군의 총공격이 시작됐다고 판단한 독일군은 화포를 대거 투입하고 예비부대도 급히 제2선 진지로 이동시켰다. 갑자기 소련군이 공격을 멈추자 독일군은 갈피를 잡을 수 없게 됐다.

4월 16일 새벽 5시, 소련군의 총공격이 시작됐다. 카츄샤 대포는 복수의 불길을 내뿜었고 소련군 폭격기는 독일 진지에 수많은 폭탄을 쏟아부었다. 독일군의 진지는 대파되고 병사들의 사상은 막대했으나 이미 그들에겐 반격할 힘이 없었다.

소련군은 대포로 독일군의 참호와 보루를 파괴했으며, 뒤따라오던 전차와 보병이 독일군 진지로 돌격해 신속하게 제1진지를 점령하고, 곧이어 제2진지로 돌격했다.

총공격이 시작되고 처음 몇 시간 동안 소련군은 독일군 우익의 '베를린사단' 진지를 돌파해 독일 제56기갑군단 좌익을 위협했다. 그 시각, 독일군은 베를린 지역에 수많은 비행기가 있었으나 쌍방 돌격부대가 섞여 있어 구분할 수 없었고, 동시에 강대한 소련 공군이 이미 제공권을 모두 차지한 뒤였다.

오후가 되어 소련군 전차는 독일 친위대 전차 제11군과 보병 제303사단의 방어 지역을 돌파했다. 독일군은 젤로 동쪽의 고지로 철수해 그곳의 유리한 지형을 이용해 소련군의 공격을 저지했고, 지상부대와 협동해 비행기로 소련군을 폭격했다.

주코프는 소련군 최고사령부에 전황을 보고했다. 스탈린은 공군이 기갑군을 엄호해 돌격할 것을 명령했다. 또한 코네프에게는 2개 기갑군을 보내 남쪽에서 베를린으로 돌격하고, 로코솝스키에게는 재빨리 강을 건너 북쪽으로 우회해 베를린으로 돌격하라고 명령했다.

18일 아침까지 치열한 전투가 이어졌고 독일군은 끝내 소련군 비행기와 전차의 맹렬한 공격을 막아내지 못하고 후퇴했다. 젤로 고지에는 소련군의 승리의 깃발이 휘날렸다.

베를린 외곽의 한 겹 또 한 겹의 방어선을 돌파한 후 소련군은 모든 전차를 베를린 정면 공격에 투입했다. 독일군은 소련군의 진격을 저지하기 위해 모든 예비부대를 투입했으며, 심지어 베를린 도시방위대를 이동시켜 저항했다. 4월 19일, 독일군은 막대한 사상을 내고 베를린 방어 지역의 외부 성곽으로 도망쳤다.

4월 17일, 제1벨라루스방면군과 제1우크라이나방면군의 2개 기갑군이 전투에 투입돼 슈프레 강을 건넜다. 4월 20일, 소련군은 베를린을 향해 포격을 시작했다. 역사적 의의가 있는 돌격이 시작된 것이다!

그 시각 히틀러는 벙커에서 생일축하연을 열고 있었다. 대세는 이미 기울었고 그날 저녁 히틀러의 심복인 괴링과 힘러는 많은 병사를 이끌고 베를린에서 철수했다. 두 사람은 히틀러의 종말이 얼마 남지 않았음을 알고 있었으며, 각자 자신을 제국의 계승자라 믿었다.

베를린은 이미 3면에서 포위됐다. 4월 21일, 소련군 3개 집단군과 제2근위전차집단군이 베를린 근교에 접근했으며, 일부 병사들은 이미 시내로 진입했다. 그러나 베를린 시내 길목마다 독일군이 방어하고 있어 소련군은 한 걸음 내디딜 때마다 피의 대가를 치러야 했다.

22일 정오, 전황 보고를 받은 히틀러는 온몸을 부르르 떨었다. 그는 장군들에게 전쟁에 패했고 국방군 최고지휘권을 내놓을 것이며, 카이텔과 요들에게는 남부로 가서 저항운동을 하도록 지시한 후 자신은 베를린과 끝까지 함께하겠다고 말했다. 말을 마친 히틀러는 풀이 죽어 집무실로 들어갔다.

4월 24일, 베를린에서 교외로 통하는 마지막 도로가 소련군에 의해 봉쇄됐다. 25일, 서쪽에서 베를린을 공격하던 제1벨라루스방면군 1개 보병사단과 전차여단이 제1우크라이나방면군 제6근위기계화군단과 합류하면서 베를린집단군 40여만 병력은 둘로 나뉘어 고립되고 말았다.

같은 날 오후 5시, 미군 제69보병사단의 정찰부대와 소련군 제58근위사단의 선견부대가 엘베 강 토르가우 다리에서 합류했다. 독일 남북의 연계는 막혔고 히틀러는 베를린에 고립됐다.

수일 전부터 중지된 영·미 비행기의 베를린 공습 대신 소련군 포병부대의 카츄샤가 공격을 시작했다. 수많은 포탄이 포물선을 그리며 다리와 길거리, 전차 방어 장애물과 독일군 집결지에 떨어졌다.

27일 동틀 무렵, 소련군 전차가 포츠담 광장 및 독일군 진지를 향해 공격했으나 파괴된 건물의 잔해와 파손된 도로로 인해 앞으로 나가지 못해 오히려 독일군 바주카포의 공격을 받았다. 소련군은 방식을 바꿔 대포로 독일군을 포격하며 시 중심을 평지로 만들어버렸다.

파멸의 벼랑 끝에 매달린 히틀러는 벵크 장군의 부대와 제9집단군 및 베를린 북쪽의 힘러가 부대를 이끌고 달려와 자신을 구해줄 것을 바랐다. 그러나 앞의 두 부대는 모두 섬멸됐고, 그렇게 충실히 따르던 힘러는 남은 부대 병력을 이끌고 급히 베를린을 벗어나 서쪽으로 철수하고 있었다.

마침 히틀러는 잘츠부르크에서 온 괴링의 전보를 받았는데, 히틀러가 1941년 6월 29일 발포한 명령, 즉 원수가 서거하거나 일을 처리하지 못할 경우 자신이 계승자라는 명령을 집행할 것을 바란다는 내용이었다. 크게 분노한 히틀러는 바로 답전을 보내 괴링이 '매국죄'를 범했음을 알렸다.

베르히테스가덴에 주둔하고 있던 친위대 대장은 히틀러의 심복 보어만의 비밀 전보를 받고 즉시 괴링의 거처로 쳐들어가 공군 원수를 체포했다.

서쪽으로 도망치던 힘러는 발트 해변 러벅의 스웨덴 영사관에 머무르고 있었다. 그는 황급히 서방 연합군에 보낼 항복 의사를 밝힌 편지를 작성해 스웨덴 베르나도테 백작을 통해 아이젠하워에게 전해줄 것을 요구했으나 성사되지 않았다. 얼마 지나지 않아 힘러는 연합군에 체포됐다.

시가전 3일째, 소련군은 커다란 요새포를 옮겨왔다. 병사들은 0.5톤 무게의 포탄마다 "죽어간 동포와 전우들을 위해 복수하자!", "고아와 과부 그리고 어머니의 눈물을 위해 복수하자!" 등의 글귀를 적어 넣었다.

소련군 중포의 포격으로 베를린 방어진지는 산산이 부서졌으나 전투는 계속됐다. 소련군은 거리를 따라 진격하다가 독일군의 완강한 저항에 맞닥뜨렸다. 병사들은 건물의 벽을 방패로 삼았다가 다시 폭파하며 곳곳에서 적들과 치열한 접전을 벌였다.

소련군 보병 선두부대가 포츠담 광장 독일군 진지를 대부분 포위했고, 히틀러의 은신처까지 불과 300m 정도밖에 남지 않았다. 히틀러는 최후의 날이 눈앞에 닥쳐왔음을 깨닫고 마지막 두 가지 결정을 내렸다. 하나는 애인 에바 브라운과 결혼하는 것으로 둘은 4월 29일 결혼식을 올렸다.

다른 하나는 여비서에게 유언을 구술하는 것이었다. 유서에서 그는 자신의 죄과를 변명하는 한편 해군 원수 되니츠를 독일 원수 겸 무장부대 최고원수로 임명하고, 괴링과 힘러를 나치당에서 몰아내는 동시에 모든 직무에서 해임시켰다.

4월 29일 오후, 히틀러의 지하 은신처에 마지막 소식이 전해졌다. 이탈리아 독재자 무솔리니와 그의 애인이 스위스로 도망치던 중 이탈리아 유격대에 붙잡혀 처형됐다는 것이었다. 히틀러도 마지막 준비를 끝마쳤다. 애견에게 독약을 먹이고 여비서에게 모든 기밀서류를 태우라고 명령했다.

히틀러는 유언 집행인 보어만에게 "나와 부인은 죽기로 결정했다. 우리의 시신은 즉시 화장해야 한다"라고 지시했다. 지시했다. 그날 오후 3시, 보어만과 괴벨 등은 히틀러의 방에서 들려온 총소리에 문을 열어보니, 히틀러는 소파에 엎드린 채 피를 흘리고 있었고 옆에는 시안화물을 먹고 자살한 에바가 있었다.

소련군은 3개 방향에서 독일군 정예 친위부대 6천 명이 방어하고 있는 국회의사당을 맹공격했다. 육박전을 벌인 끝에 소련군이 의사당을 점령했으나, 독일 수비군 1천여 명은 여전히 항복하지 않았다. 소련군 돌격대는 의사당 안의 각층 계단과 통로에서 수류탄으로 길을 열며 독일군 잔당을 소탕했다.

오후 6시, 소련군 병사 2명은 겹겹의 봉쇄를 뚫고 점령한 베를린 시 중심의 국회의사당 건물 돔에 올라가 승리의 깃발을 꽂았다.

4월 30일, 자정이 넘어 크렙스 독일 육군 총참모장은 괴벨과 보어만의 지시대로 소련군 베를린 공격부대 사령관 추이코프 원수를 만나 그들이 안전하게 베를린을 벗어나고 되니츠가 새 정부의 원수에 취임하면 베를린을 포기할 수 있다고 전했다. 그러나 추이코프 원수는 독일군에 무조건 항복을 요구했다.

추이코프는 즉시 히틀러의 사망 소식을 주코프 원수에게 보고했고, 주코프 역시 신속히 모스크바의 스탈린에게 보고했다. 이를 들은 스탈린은 분개하여 "망할 자식, 생포하지 못하다니! 독일인에게 말해주게. 협상은 없고 무조건 항복하라고!"라고 말했다.

절망에 휩싸인 괴벨 부부는 자신들의 아들딸 여섯을 독살한 후 다른 사람의 손을 빌려 목숨을 끊었다. 보어만은 전차를 타고 도망치던 중 포탄에 명중돼 소련군에게 생포될까 두려워 독약캡슐을 삼키고 자살했다.

5월 1일 저녁 9시, 히틀러의 벙커는 이미 큰 불에 휩싸였다. 벙커 안에 있던 수백 명에 이르는 직원들은 각자 살길을 찾아 도망쳤다. 함부르크 방송은 전 세계에 히틀러의 자살 소식과 되니츠 원수를 수반으로 한 새 정부 수립 소식을 전했다.

5월 2일 아침, 독일군 베를린방어군 사령관, 제56기갑군단 군단장 바이틀링 소장이 항복하면서 부하들에게 저항을 중지하라고 명령했다. 오후 3시, 베를린 독일군은 전부 사살되거나 투항했고 독수리가 수놓아진 독일 군기가 도처에서 나뒹굴었다.

5월 3일, 주코프 원수는 소련군 장성들과 함께 국회의사당 지역을 돌아보았다. 폐허 속에서 의사당 입구의 기둥에 소련군 병사들의 메시지가 가득 적혀 있는 것을 보고 그들 역시 사인을 남겼다. 소련군 병사들은 자신들의 최고지휘관을 알아보고는 그들을 에워싸고 환호했다.

1945년 5월 8일
베를린·템펠호프 비행장

5월 8일, 독일군 카이텔 원수, 프리데부르크 상장, 스툼프 상장이 영국군의 '호위'를 받으며 베를린 템펠호프 비행장에 도착했다. 그들은 되니츠의 위임을 받고 독일의 무조건항복서에 서명하러 온 것이었다.

항복문서 조인식은 베를린 동부 카를스호르스트의 한 이층건물에서 진행됐다. 소련군 최고사령부 대표 주코프 원수 등이 회의실에 들어서자 한 무리의 기자들이 몰려들었다.

오후 11시 45분, 연합군사령부 대표 영국의 데드 상장, 미국 전략공군 사령관 스파지오 장군과 프랑스군 총사령관 타시니 장군 및 소련 대표 주코프, 비신스키, 뗼레긴, 소콜로프스키 등이 책상 옆에 자리했다.

조인식이 시작되자 주코프 원수는 장엄하게 선포했다. "우리 소련군과 연합군 최고사령부 대표들은 반히틀러 연합국 정부의 위탁을 받고 독일의 무조건 항복을 받아들이기로 했다. 지금부터 독일군 최고사령부 대표 회의실 입장!"

깔끔하게 예복을 차려입은 독일 대표 카이텔 원수는 억지로 침착하게 원수 지팡이를 들어 소련군과 연합군에 경의를 표했다. 다른 두 독일 대표 스튬프와 프리데부르크는 독기를 품은, 공허한 표정을 하고 있었다.

카이텔은 안경을 쓰고 항복서 5부에 하나하나 서명했고, 그 뒤를 이어 스튬프와 프리데부르크도 자신의 이름을 적었다.

조인식장에는 곧 환호성이 터졌고 사람들은 축배를 들었다. 생사를 넘나들며 싸워온 장병들은 가족, 전우가 희생됐을 때도 입술을 꽉 물고 참았던 사나이의 뜨거운 눈물을 이 승리의 순간에 한껏 쏟아냈다.

포츠담 광장

1939년 9월 1일부터 5년 8개월 8일간 지속됐던 유럽전쟁이 끝나고 전 세계를 제패하려던 나치 제국은 끝내 무너졌다. 사람들은 포츠담 광장에서 마음껏 환호했다. 독일·이탈리아 파시즘의 멸망에 이은 일본 제국주의의 패망도 그리 먼 일이 아니었다.